Trine Wenzel

Haustiere als Partner für den Menschen

Mit Bezug zur Grundschule

GRIN Verlag

Bibliografische Information der Deutschen Nationalbibliothek:

Die Deutsche Bibliothek verzeichnet diese Publikation in der Deutschen National-
bibliografie; detaillierte bibliografische Daten sind im Internet über http://dnb.d-
nb.de/ abrufbar.

Impressum:

Copyright © 2013 GRIN Verlag GmbH
Druck und Bindung: Books on Demand GmbH, Norderstedt Germany
ISBN: 978-3-656-50756-7

Dieses Buch bei GRIN:

http://www.grin.com/de/e-book/232645/haustiere-als-partner-fuer-den-menschen

Universität Erfurt
Wintersemester 2012/13

Thema:

Haustiere - Partner für den Menschen

Datum: 01.02.2013

Inhaltsverzeichnis

1 Einleitung

„Man kann gar wohl fragen: Was wäre der Mensch ohne Tier[,] [a]ber nicht umgekehrt: Was wären die Tiere ohne die Menschen."[1] Dieses Zitat von Christian Friedrich Hebbel verdeutlicht, dass der Mensch das Tier braucht. Tiere liefern uns Wolle sowie Fleisch und geben den Personen positive Gefühle, welche emotionalen Beziehungen zum Tier aufgebaut haben. Tiere haben eine große Bedeutung in unserem alltäglichen Leben.

Im 21. Jahrhundert gibt es zahlreiche Tierarzt-, Zoo- und Tierparkreportagen sowie Shows, in denen Stars über ihre Haustiere sprechen oder in denen Experten Hunde oder gar Katzen erziehen. Haustiere sind in den Medien sehr aktuell, denn sie erfreuen sich ungebrochener Beliebtheit, egal ob jung oder alt.

Auch für Kinder sind Haustiere sehr faszinierend. Kinder müssen jedoch verstehen, welche Pflichten und Aufgaben man gegenüber einem eigenen Tier hat. Deshalb ist es wichtig im Grundschulunterricht genügend darüber aufzuklären. Fast alle Kinder wünschen sich sehnlichst ein Tier. Aber was sollte man bei der Anschaffung eines Tieres alles bedenken?

In meinen folgenden Ausführungen möchte ich auf das Thema: „Haustiere- Partner für den Menschen" eingehen und aufzeigen, welche Bedeutung Tiere für den Menschen und insbesondere für Kinder haben und welche Schritte für die Anschaffung eines Haustieres wichtig sind. Dabei beziehe ich mich lediglich auf Heimtiere. Des Weiteren nehme ich Bezug auf die Relevanz des Themas in der Grundschule.

---

[1] Web Publishing Dietmar Bückart.
URL:http://www.gutzitiert.de/zitat_autor_christian_friedrich_hebbel_thema_tiere_zitat_20072.html

3

2 Haustiere- Partner für den Menschen

2.1 Haustierbegriff

Für den Begriff Haustier gibt es keine gesetzliche Definition. Haustiere unterstehen dem „[…]Schutz des Tierschutzgesetzes […]" [2] und lassen sich in Heim- und Nutztiere unterteilen.

Ein Heimtier ist „[…] jedes Tier, das als Hausgenosse gehalten wird und mit dem sich ein Halter persönlich verbunden fühlt." [3] Dieser hält sich das Tier ausschließlich zu seiner Freude und hat keine wirtschaftliche Absicht. Zu den klassischen Heimtieren zählen die Hauskatze, der Haushund, das Hauskaninchen und kleine Nager, wie beispielsweise der Hamster oder Meerschweinchen, sowie Stuben- und Ziervögel.
Aber auch exotische, ungewöhnliche Heimtiere, z.B. Ratten, Reptilien oder Spinnen nehmen immer mehr zu.

Hingegen hat man von Nutztieren wirtschaftliche Absichten. Nutztiere sind demnach Tiere, die eine bestimmte Leistung erbringen. Diese sind zur „[…] Fleisch-, Milch-, [Eier-] oder Fellproduktion gehaltene Tiere." [4] Man stellt sie oft in den Dienst menschlicher Interessen, z.B. als Jagdhelfer, Reittiere und Schutztiere, aber auch als Versuchstiere in der experimentellen Forschung. Zu den traditionellen Nutztieren zählen beispielsweise Rinder, Schafe, Schweine, Geflügel, Pferde, Ziegen und Honigbienen. Exotische Nutztiere, wie Alpakas, Lamas, Strauße gewinnen immer mehr an Bedeutung.
Im Folgenden nehme ich hauptsächlich nur auf die Heimtiere Bezug.

2.2 Die Bedeutung des Haustieres für den Menschen

Viele Halter sehen in ihrem Haustier einen „[…] Partner, der keine Bedingung für das Zusammenleben stellt, der immer gleich freundlich und verständig erscheint." [5] Für ältere oder alleinstehende Menschen ist das Haustier oftmals der einzige Begleiter in ihrem alltäglichen Leben. Zwar kann man soziale Kontakte und die Liebe zu Mitmenschen nicht ersetzen, doch das Tier hat für sie einen sehr hohen Stellenwert. Vor allem in Altersheimen werden Tiere eingesetzt, um der Einsamkeit entgegenzuwirken und um das Gefühl gebraucht zu werden zu vermitteln. Tiere sind Zuhörer für Nöte und Sorgen, sie geben Trost, so auch

---

[2] Markmann, Marianne: Rechte und Pflichten rund ums Haustier. München: dtv, 2003, S.1
[3] ebenda
[4] ebenda
[5] Knoche, Germar: Alles über Haustiere für Kinder. Ravensburg: Ravensburger Buchverlag, 1996, S.8

durch das Streicheln. Die Liebe zu den Tieren verbindet. Beim Spaziergang mit einem Hund beispielsweise kommt man über das Tier schnell in den Kontakt mit anderen Haltern, „[…] da man mit Tieren immer ein Thema hat, über das man reden kann." [6]

Eine besondere Freundschaft zu Tieren haben Kinder. „ Ein Kind weiß sehr früh, da[ss] ein Tier von ihm abhängig ist, was natürlich eine neue Erfahrung gegenüber den Eltern und Erwachsenen ist." [7] Kinder lernen durch die Verantwortung zu einem Haustier nicht nur den Sinn für Ordnung, Regelmäßigkeiten, Sauberkeit und Disziplin, sondern wenden dies auch auf ihr eigenes Leben an. Sie sehen es als selbstverständlich das Tier z.B. dreimal täglich zu füttern oder es zu kämmen. „Natürlich kann [das Kind] das Tier noch nicht alleine versorgen, und manchmal interessiert es sich vielleicht tage- oder wochenlang überhaupt nicht dafür […], [aber] es lernt, da[ss] Tiere einfach mit zur Familie gehören." [8] Kinder entwickeln durch den Umgang mit Tieren Eigenverantwortung und soziale Kompetenzen. Außerdem lernen sie die tierischen Ausdrucksweisen zu deuten und erkennen das Wohlbefinden oder das Unbehagen ihres Tieres. Durch die erwiderte Tierliebe bekommen die Heranwachsenden ein positives Gefühl der Bestätigung und des Erfolges.

Des Weiteren machen Tiere die Kinder auch mit dem Kreislauf des Lebens vertraut, denn durch das Haustier wird das Kind ggf. mit Geburt, Krankheit und Tod konfrontiert und lernt mit den daraus entstehenden Gefühlen umzugehen. Sicherlich ist der Tod des eigenen Haustieres ein zu tiefer Einschnitt für ein Kind. Vielleicht hilft es dem betroffenen Kind dann zu wissen, dass das Tier nicht fort ist, solange man es im Herzen trägt.

2.3 Schritte zum eigenen Tier

Vor der Anschaffung eines Tieres ist es ratsam, seine Vorgehensweise sorgfältig zu planen. Zuerst wäre es wichtig, dass alle Haus-bzw. Familienmitglieder tierfreundlich sind und sich gemeinsam ein Tier wünschen. So könnten sich diese dann beraten, welches das Wunschtier ist. Hierbei beraten gerne auch Tierärzte und helfen bei der Entscheidung des richtigen Haustieres. Ist man sich dann einig geworden, sollte man sich über das Wunschtier informieren. So führt man beispielsweise Gespräche mit anderen Tierhaltern, lässt sich im Zoo beraten oder forscht in Büchern oder dem Internet nach. Wenn man das Zusammenleben mit seinem Haustier als eine beglückende Beziehung gestalten möchte, sollte man besonders

---

[6] Gebhard, Christine: Ich wünsche mir ein Tier!. München: Humboldt, 1997, S.9
[7] ebenda, S.10
[8] ebenda, S. 14

5

auf die tierspezifischen und natürlichen Lebensbedingungen des Tieres achten, um das Wunschtier später artgerecht halten zu können. Außerdem sollte man vor dem Kauf eines Tieres klären, wer Verantwortung in welchem Bereich für das Tier übernehmen kann. Denn keiner sollte mit der anspruchsvollen Pflege, Gesundheit, Erziehung und Fürsorge des Tieres überfordert sein. Sonst könnte man den Spaß an der Tierhaltung verlieren. „Eine verantwortungsvolle Heimtierhaltung, die den Ansprüchen des Tieres gerecht wird, löst positive Aspekte der Mensch- Tier- Beziehung aus." [9]

Jeder sollte sich wirklich eingehend über das zukünftige Tier informieren. So müsste demnach z.B. jeder Halter wissen, ob sein Tier tag- oder nachtaktiv ist. Auch die Beachtung der arteigenen Form der Sozialisation des Haustieres ist wichtig. Diese nimmt Einfluss auf das Wohlbefinden des Tieres, denn manche Tiere bevorzugen es alleine zu leben und andere würden alleine vereinsamen, wie beispielsweise der Wellensittich.

Hat man bereits schon Tiere oder will sich mehrere neu anschaffen, muss man herausfinden, welche Tiere überhaupt in einem Haushalt zusammenleben können. Des Weiteren sollte sich jeder über die gesundheitlichen Risiken, die durch die Haustierhaltung auftreten können, z.B. Salmonellen, TBC, Tollwut, Parasiten, sowie das Hervorrufen von Allergien, bewusst sein. Nach ausreichendem Informieren ist es wichtig, den Lebensraum des zukünftigen Tieres zu planen. Für den Vogel beispielsweise braucht man einen Käfig, doch welche Größe ist für welche Vogelart geeignet? Habe ich genug Platz? Wohin mit dem Tier im Urlaub? Derartige Fragen müsste man im Vorfeld klären. Im Hinblick auf die Urlaubsfrage ist es das Beste, „[…] wenn die Tiere zu Hause in der gewohnten Umgebung bleiben können und dort von vertrauten Personen versorgt werden." [10] Wer zu Miete wohnt, muss bei der Planung abklären, ob und welche Tiere überhaupt erlaubt sind. Um das Wunschtier besser einschätzen zu können, ist es sicherlich ratsam, erst ein Tier in Pflege zu nehmen oder regelmäßig im Tierheim auszuführen. „Viele Tierheime vermitteln sogenannte 'Urlaubspatenschaften'- eine gute Gelegenheit, ein Tier Ihrer Wahl kennenzulernen." [11] Falls man sich dadurch in seinem Vorhaben bestätigt fühlt, sollte man sich fragen, ob man sich das Tier hinsichtlich der Zeit und der Finanzen leisten kann. „Der Unterhalt von Kleintieren und Vögeln ist verhältnismäßig preisgünstig, Katzen und besonders Hunde dagegen können sehr teuer werden." [12] Wenn ein Tier beispielsweise krank wird, braucht es eine viel intensivere Betreuung und kostet auch mehr Geld, manchmal sind sogar Operationen nötig. Man sollte Futter, Pflegeprodukte,

---

[9] Witten, Ilona: Tierliebe und der Blick über den Tellerrand. Göttingen: Echo Verlag, 2001, S.82
[10] Knoche, Germar: Alles über Haustiere für Kinder. Ravensburg: Ravensburger Buchverlag, 1996, S.10
[11] Gebhard, Christine: Ich wünsche mir ein Tier!. München: Humboldt, 1997, S.13
[12] ebenda, S.19

Spielzeug, Impfungen, Krankheitsfälle, Unfälle, Abnutzungen in der Wohnung, ggf. Kastrierung und Steuer mit einberechnen und abwägen, ob man sich das Tier auch wirklich leisten kann. Außerdem ist auch die Entscheidung nach einem Alt- oder Jungtier von Bedeutung. Jungtiere benötigen viel mehr Aufmerksamkeit, Geduld und Zeit für die Erziehung.

Des Weiteren sollte man sich die Frage stellen: Bin ich mir bewusst, dass Tierhaltung nicht immer angenehm ist? Könnten ich und meine Familie bzw. Mitbewohner mit Exkrementen, Entwurmungen, Krankheiten oder sogar dem Tod des Tieres gut umgehen?

Wenn man die Fragen nach dem Was und dem Wie geklärt hat, bleibt noch das: Woher. Mögliche Anlaufstellen sind Zoogeschäfte, das Tierheim, Züchter, aber auch Anzeigen im Internet oder der Zeitung. Man sollte sich hier auch wieder informieren. Ist der Wunsch ein Rassetier, so kann man sich bei Zuchtverbänden informieren. Selbst Tierärzte kennen einige Patienten, welche ein neues zu Hause suchen. Kaufen sollte man nicht aus Mitleid in „[…]Geschäfte[n], in denen die Tiere wie auf dem Präsentierteller […] in viel zu kleinen Käfigen gezeigt werden […], gerade davon leben solche Geschäfte!" [13]

Bei dem Tierkauf sollte man immer darauf Acht geben, dass das Tier auch gesund ist. Dabei kann man z.B. auf das Fell schauen, es sollte glänzen und darf keine kahlen Stellen aufweisen. (vgl. [14])

Ein Tier aufzunehmen oder gar zu kaufen ist nicht schwer, doch man sollte auch für das gesamte Leben eines Tieres sorgen wollen und können. Würden alle zukünftigen Tierhalter sich vorher ernsthafte Gedanken machen und diese Schritte befolgen, würden sicherlich weniger Tiere ausgesetzt werden und die Tierheime wären nicht so überfüllt.

2.4 Bezug zur Grundschule

Welches ist dein Lieblingstier? Was weißt du über das Tier? Woher kommt es? Was magst du an diesem Tier? Was frisst es und was muss man für dieses Tier alles machen?
Haustiere sind für Kinder im Grundschulalter sehr von Bedeutung: sie können sie füttern, streicheln, mit ihnen reden und ihre Geheimnisse sowie Sorgen mit ihnen teilen. Da sich Kinder oftmals zu Weihnachten ein Tier wünschen ist m.E. die Behandlung der Haustierthematik im November oder Dezember in Sachkunde sinnvoll. Um in das Thema:

---

[13] Gebhard, Christine: Ich wünsche mir ein Tier!. München: Humboldt, 1997, S.39
[14] ebenda, S. 38

„Haustiere" im Unterricht einzusteigen, wäre es sicherlich ratsam, die Kinder nach ihren eigenen Erfahrungen und Kenntnissen über Tiere zu befragen. Ich würde als Lehrender in einer Haustier-Projektwoche an diese anknüpfen. So könnte man die Kinder bitten Material über eigene vorhandene oder über Wunschtiere zu sammeln. Die o.a. Fragen könnte man daraufhin in einer Klassendiskussion stellen und Freiwillige könnten ihr gesammeltes Material kurz vorstellen. Kinder würden dann im Zuge von „Werkstattunterricht oder Stationsarbeit" [15] eigen ausgewählte Tiervertreter der Heim- und Nutztiere bearbeiten. Diese Methoden könnten dann in einer Aus- und Vorstellung im Klassenraum oder sogar in der Schule münden. Auch die Themen wie Tierhandel und artgerechte Haltung kann man dabei mit berücksichtigen. Hierbei könnte man die soeben aufgeführten Schritte zum Tier im Punkt 2.3 auch besprechen, denn diese lassen die Kinder begreifen, welch ein Aufwand ein Tier bereits schon vor der Anschaffung bedeutet.

Des Weiteren ist es aber auch wichtig, Tiere aktiv in den Unterricht mit einzubeziehen, vom Besuch eines Bauernhofes, des Zoos bis hin zur Übernahmen von Tierpatenschaften einer Klasse bzw. Schule. Das Thema Haustiere wirkt nachhaltig auf die Kinder, wenn man Theorie und Praxis miteinander verbindet, denn durch naturnahen und lebendigen Unterricht wird mehr Interesse geweckt. Grundschüler reagieren z.T. auf das Thema noch sehr emotional. „Sie sollten das Kaninchen, den Hund oder den Vogel sehen, riechen und fühlen und möglichst auch auf den Arm nehmen können, um die Informationen aufnehmen zu können, die der Lehrer vermittelt." [16] Dadurch können sie mit allen Sinnen an dem Tier lernen und erfahren und „[…] selbstbestimmend und handlungsaktiv […]" am Unterricht teilnehmen. (vgl.[17]) Kinder müssen auf das Tier eingehen. Allein der Umgang mit dem Tier und das Eingehen auf das andersartige Wesen ist eine Übung, wie man auch mit Menschen umzugehen hat. Das Thema Haustiere ist in der Grundschule äußerst relevant. Auch aggressive Kinder finden im Tier möglicherweise einen Ausgleich und lernen in der Interaktion vielleicht einen gewaltfreien Umgang.

Nach der Projektwoche sollten die Schüler verschiedene Tiere beschreiben können und wissen, wie man mit einem Haustier umgeht, wie man es pflegt, hält und dass ein Tier eben auch Verantwortung und Aufwand bedeutet.

---

[15] Schröter, Jan: URL: http://www.sachunterricht-petersen.de/Dateien/was%20ist%20werkstattunterricht.pdf
[16] Greiffenhagen, Sylvia: Tiere als Therapie. München: Dromersche Verlagsanstalt, 1991, S. 71
[17] ebenda

3 Fazit

Für Kinder, welche in der Großstadt aufwachsen, ist die Natur nicht selten fremd. Die Haustierhaltung ist für den Menschen eine Chance mit der Natur in Verbindung zu treten. Tiere werden in den unterschiedlichsten Einrichtungen eingesetzt, denn sie vermitteln dem Menschen das Gefühl, gebraucht zu werden. Sie werden als Partner und Familienmitglieder des Menschen angesehen, denn sie rufen positive Gefühle hervor.

Kinder, die sich um Tiere sorgen, lernen durch diese Rücksicht auf andere zu üben und Verantwortung zu übernehmen. Tiere wirken sich also positiv auf die Entwicklung von Kindern aus. Aus diesem Grund ist die Behandlung von Haustieren im Grundschulunterricht so wichtig.

Vor der Aufnahme bzw. des Kaufes eines Tieres sollte man als zukünftiger Halter ausreichend über das Wunschtier informiert sein. So lassen sich Überfütterung und zu kleine Käfige vermeiden. Des Weiteren sollte man über Risiken und Aufwand Bescheid wissen und den Ablauf sowie den Lebensraum gut durchdacht und geplant haben. Jeder sollte sich über den zeitlichen und finanziellen Aufwand bewusst sein und dafür sorgen, dass das Haustier artgerecht und liebevoll aufgenommen werden kann.

Im Bezug zu dem Zitat von Christian F. Hebbel aus der Einleitung haben Haustiere einen hohen gesellschaftlichen Einfluss. Sie fördern die Integration und die Kommunikation in der Gesellschaft. Tierliebe verbindet.

4 Literaturverzeichnis

Bücherquellen:

Gebhard, Christine (1997): Ich wünsche mir ein Tier!. Entscheidungshilfen für Eltern. München: Humboldt- Taschenbuchverlag Jacobi KG

Greiffenhagen, Sylvia (1991): Tiere als Therapie. Neue Wege in Erziehung und Heilung. München: Dromersche Verlagsanstalt

Knoche, Germar (1996): Alles über Haustiere für Kinder. Ravensburg: Ravensburger Buchverlag

Markmann, Marianne (2003): Rechte und Pflichten rund ums Haustier. Erwerb- Haltung- Haftung. München: Deutscher Taschenbuchverlag GmbH & Co. KG

Witten, Ilona(2001): Tierliebe und der Blick über den Tellerrand. Plädoyer für ein tierbewusstes Verhalten. Göttingen: Echo Verlag

Internetquellen:

Schröter, Jan: Informationsmaterial über „Werkstattunterricht und Stationslernen". URL:http://www.sachunterricht-petersen.de/Dateien/was%20ist%20werkstattunterricht.pdf, Zugriffsdatum: 27.01.2013, 19:39 Uhr

Web Publishing Dietmar Bückart: URL:http://www.gutzitiert.de/zitat_autor_christian_friedrich_hebbel_thema_tiere_zitat_2007 2.html, Zugriffsdatum: 26.01.2013, 18:00 Uhr